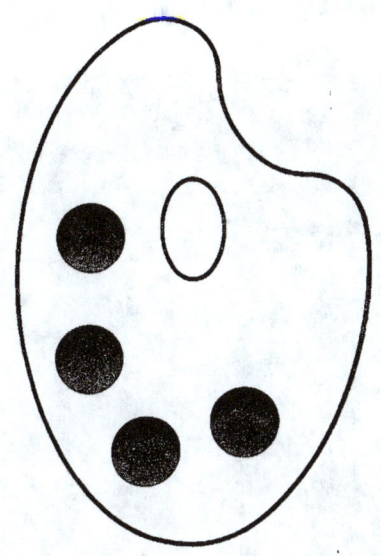

Original en couleur
NF Z 43-120-8

BIBLIOTHÈQUE DES BONS ROMANS ILLUSTRÉS

LE
BRACONNIER

PAR

ÉLIE BERTHET

PRIX : 1 FRANC 20 CENTIMES
ÉTRANGER ET PAR POSTE. — 1 FR. 40 CENTIMES

PARIS
DEGORCE-CADOT, ÉDITEUR, 70, BIS, RUE BONAPARTE

LE VAL D'ANDORRE

PAR ÉLIE BERTHET

I

Le Guide.

Vers la fin de 1815, au moment où tout le midi de la France était encore en feu par suite des événements politiques qui rendirent le trône aux Bourbons, trois voyageurs, ou peut-être trois promeneurs, car l'équipage des personnes dont nous parlons n'indiquait rien de positif sur la nature et la longueur de l'excursion qu'elles allaient faire, parcouraient à cheval la vallée au centre de laquelle se trouve Vic-d'Essos, dans les Pyrénées. On était au mois de novembre, saison déjà bien rigoureuse au pied des hautes montagnes; une brise âpre et froide soufflait par rafales, et un pâle soleil, qui venait de se lever, faisait étinceler tristement les glaces du Montcalm et du Bassiès.

Cependant ces trois personnes, au nombre desquelles se trouvait une jeune femme, tournaient le dos à la ville de Vic-d'Essos, dont les maisons blanches et les nombreuses forges produisaient un effet pittoresque sur la verdure qui paraît encore la partie inférieure de la vallée. Ils remontaient un gave furieux qui, tombant du haut des montagnes nues et désolées, allait se perdre derrière eux au milieu des usines et des moulins, et ils se dirigeaient en droite ligne, en évitant les villages qui s'élevaient à droite et à gauche, vers l'immense muraille de neige et de granit qui bornait l'horizon du côté du midi.

Au premier coup-d'œil on les eût pris pour des gens du pays regagnant une habitation dans quelque vallée voisine, mais en les examinant avec soin on pouvait soupçonner, à certains signes, qu'ils n'étaient rien moins que ce qu'ils paraissaient être. Celui qui s'avançait le premier (car le chemin était trop rocailleux et trop étroit pour qu'il fût possible de marcher de front), était un homme de cinquante-cinq à soixante ans, vêtu suivant la mode des bergers des Hautes-Pyrénées, d'une culotte et d'une veste de gros drap brun, et sa tête était couverte d'un de ces bonnets de laine assez raides pour se tenir droits au-dessus du front. Enfin sa taille était assez haute, ses membres assez robustes pour qu'il fût possible de prendre ce personnage pour un des vigoureux montagnards dont il portait le costume, et cependant, à la manière dont il serrait les flancs de son cheval avec ses jambes couvertes de simples guêtres de cuir, on reconnaissait un cavalier plus habitué à se servir d'éperon que ne le sont d'ordinaire les bergers des Pyrénées. Ses mains étaient blanches comme celles d'un paisible citadin, et ce qui trahissait surtout l'incognito qu'il avait voulu sans doute s'assurer, était une manchette de batiste qui s'avançait outrageusement par dessous la grosse manche de toile chargée de représenter sa chemise aux yeux des passants.

Mais ces signes de déguisement étaient encore plus visibles dans la jeune fille dont nous avons parlé; elle était commodément assise dans son cacolet, sur le dos d'un petit mulet à l'œil de feu, au pied sûr comme celui d'une chèvre, et elle ne ressemblait pas mal à ces jeunes filles qui descendent des montagnes pour se rendre aux marchés des villes de l'Arriège. C'était une belle brune, aux traits vifs et malins, qui évidemment avait pris naissance dans une province méridionale; bien que le froid l'eût obligée de s'envelopper presque entièrement dans sa cape noire, on eût deviné seulement à son capulet rouge bordé du plus fin velours qu'elle ne pouvait être la fille de quelque pauvre pâtre du voisinage.

Son costume rappelait ces costumes de caractère que l'on voit dans les joyeuses folies du carnaval à Paris; on reconnaît bien dans la coupe et dans la forme des vêtements l'intention de parodier le costume villageois de telle ou telle province; mais ce qui est bure dans le vêtement original se trouve transformé en étoffe de soie dans la copie, ce qui est toile d'étoupe est devenu dentelle. Ainsi la jeune fille dont nous parlons avait réellement la cape noire, le jupon rouge, et dans la ceinture de son tablier la fidèle quenouille qui ne quitte jamais les jeunes montagnardes; mais la cape était de fine étamine, le jupon rouge du plus magnifique écarlate qu'on pût trouver, et quant à la quenouille, elle ne semblait devoir être d'aucun usage entre les mains soigneusement gantées de sa propriétaire. Bref, cette jeune fille semblait porter pour la première fois un costume de fantaisie dont elle eût peut-être ri la première, si les circonstances dans lesquelles elle se trouvait eussent permis à sa physionomie de prendre l'expression de gaîté qui lui était naturelle.

Celui enfin qui fermait la marche, semblait seul n'avoir aucun intérêt à cacher son rang et sa condition, peut-être parce que son costume habituel était réellement celui du pays où il se trouvait. Il était vêtu comme un bourgeois campagnard de cette époque; seulement son béret basque de couleur bleue donnait à sa physionomie l'air coquet et animé qui caractérise les gens du pays. C'était un grand jeune homme blond, aux formes athlétiques, mais au teint blanc, aux yeux humides, qui témoignaient d'une certaine timidité dans le caractère. Il n'était pas difficile de reconnaître en lui un de ces descendants des Visigoths, dont la race s'est conservée pure dans les pays basques, au milieu de ces populations indigènes qui depuis le moyen-âge lui ont voué une haine mortelle. On sait quelles avanies ont eu à supporter de la part des autres races méridionales ces descendants des Goths; bien qu'ils soient doux, industrieux, compatissants, on les traitait dans les Pyrénées comme d'odieux parias, on prétendait qu'ils étaient sujets au goître et à la lèpre, maladies réputées autrefois contagieuses; le préjugé qui les opprimait n'a commencé à s'effacer dans le Midi qu'à l'époque où la première révolution française est venue détruire tant de préjugés; et encore aujourd'hui le nom de Ca-Goth ou d'Agothas qu'on leur a donné jadis, est une flétrissure que le berger pyrénéen ne manque jamais de leur jeter à la face dans la moindre querelle (1).

Bien qu'à l'époque où nous nous trouvons, l'espèce d'ilotisme dont on avait frappé les Agothas au moyen-âge eût en partie disparu, il existait encore dans certaines localités où les idées civilisatrices ne pénètrent qu'à la longue; d'ailleurs, n'oublions pas que nous sommes vers la fin de 1815, au moment où tout le Midi réagissait avec la plus épouvantable violence contre les actes de la Révolution et de

(1) Le savant **Ramond** croit que les *Ca-Goth* des Pyrénées ont la même origine que les *Colliberts* vendéens, dont nous avons fait une étude dans le *Colporteur*.

l'Empire. Aux hurlements des verdets assassins et des danseurs de farandoles, les vieilles rancunes de partis s'étaient réveillées, et c'était peut-être le sentiment de cette réaction féodale, dont personne alors ne pouvait apprécier la portée, qui donnait au petit-fils des parias cette timidité mélancolique.

Les événements politiques pouvaient expliquer aussi jusqu'à un certain point les allures mystérieuses des deux autres personnages qui composaient la petite troupe. L'exaspération contre tout ce qui avait pris part à la révolution était telle dans certains départements, que beaucoup de personnes étaient obligées de se cacher ou même de s'expatrier pour échapper aux sanglantes vengeances d'une population fanatisée; et sans doute ceux qui remontaient le gave de Vic-d'Essos avaient quelques raisons de ce genre pour tromper, par un costume d'emprunt, le regard inquiet et soupçonneux des royalistes montagnards. Quoi qu'il en soit, chacun des deux cavaliers portait une bonne carabine en bandoulière, afin d'être en garde contre toute mauvaise rencontre, y compris sans doute celle des ours et des loups des Pyrénées.

La caravane continuait sa route vers le haut pays, en suivant toujours les détours du gave impétueux qui porte le nom de Vic-d'Essos comme le bourg qu'il traverse. Les usines, les forges, les moulins étaient restés bien loin derrière eux, et le paysage devenait de plus en plus âpre et désert à mesure qu'ils avançaient. Des montagnes nues et ravagées par les avalanches se dressaient de toutes parts ; la verdure avait cessé d'orner les versants ; dans quelques gorges inférieures un brouillard froid et humide s'était accumulé et roulait autour des voyageurs, à qui il interceptait par intervalles les faibles et ternes rayons du soleil levant.

Le vieillard qui ouvrait la marche, jeta des regards inquiets autour de lui comme s'il eût cherché quelqu'un dans cet endroit solitaire. La jeune fille ne semblait avoir aucune autre préoccupation que celle de se garantir du froid ; quant au personnage que nous avons désigné comme appartenant à la race gothe, il était visiblement contrarié, bien qu'il gardât le silence, soit par respect, soit par timidité.

Cependant, en arrivant à un passage étroit qui s'enfonçait entre deux rochers, celui qui semblait commander la troupe arrêta tout-à-coup son cheval et demanda à son compagnon :

— N'est-ce pas là, Bernard, *le Pas-de-la-Chèvre*, l'endroit où doit nous attendre le guide?

Celui à qui il venait de donner le nom de Bernard se rapprocha de lui et répondit avec vivacité :

— C'est en effet le Pas-de-la-Chèvre ; mais, comme vous le voyez, le guide ne s'y trouve pas.

— Nous l'attendrons, dit le vieillard d'un ton bref en descendant de cheval.

— Voilà un voyage qui commence sous de fâcheux auspices, mon père, dit la jeune fille en s'adressant au vieillard.

— Aimes-tu mieux retourner à Vic-d'Essos, à la forge de Bernard Alric?

— J'y retournerai avec vous, mon père ; mais seule... jamais, c'est-à-dire, ajouta-t-elle en rougissant, tant que les circonstances n'auront pas changé!

Bernard avait sauté lestement à bas de son cheval et s'était approché de la jeune fille pour l'aider à descendre de son cacolet.

— Et pourquoi, mademoiselle Cornélie, dit-il avec chaleur, ne joindriez-vous pas vos prières aux miennes pour engager votre père à renoncer à ce pénible voyage? Il n'y avait aucun danger pour vous et pour lui à rester à Vic-d'Essos ; votre déguisement vous mettait à l'abri d'une reconnaissance, et d'ailleurs je suis convaincu qu'au besoin tous les ouvriers de ma forge se fussent fait tuer pour vous. Je vous en supplie, réfléchissez s'il en est temps encore ; le projet que votre père a conçu de traverser les montagnes dans une pareille saison me semble d'une inconcevable témérité. Si la tempête nous surprenait dans les affreux défilés qui conduisent au val d'Andorre, nous péririons tous misérablement. Depuis que j'existe, on m'a toujours dit que cette partie des Pyrénées était impraticable pendant six mois de l'année. Encore une fois, réfléchissez ; en deux heures nous pouvons retourner chez moi, où nous trouverons bien-être et sécurité.

Quoique Bernard adressât en apparence ces paroles à la jeune fille, elles allaient directement au vieillard, qui, en effet, ne se méprit pas sur leur portée.

— Ecoutez, Alric, dit-il d'un ton ferme, vous savez que je ne prends pas une détermination à la légère, mais que lorsque je l'ai prise, elle est irrévocable. Je me suis assuré que le voyage que nous entreprenons aujourd'hui était possible, bien qu'il présente quelques périls, et ce voyage s'accomplira. Hier au soir je n'ai voulu vous donner aucune explication, car je craignais vos objections sans nombre, et j'avais acquis la certitude que si nous fussions restés chez vous un jour de plus, ma fille, moi et peut-être vous-même nous eussions couru de grands risques.

— Serait-il vrai! s'écria Bernard tout ébahi.

— Quoi! mon père, demanda la jeune fille, nous avons été réellement en péril chez ce bon M. Bernard, qui avait pour nous des soins si touchants, et vous ne m'en avez rien dit?

Le vieillard sourit et reprit d'un air railleur :

— En effet, j'aurais eu en toi un intrépide confident qui se serait évanoui dix fois en une journée au moindre bruit menaçant pour son père ! Or, il faut que vous sachiez, Bernard, continua-t-il en se tournant vers le maître de forges, que depuis que nous sommes venus nous cacher chez vous, vous nous avez montré publiquement tant de déférence et d'égards, que vous avez trahi plus d'une fois notre incognito.

— Moi ! s'écria Bernard épouvanté.

— Vous-même, mon brave garçon ; que diable ! vous oubliez toujours qu'il est des circonstances où le nom le plus honorable est dangereux à porter. Les verdets, m'a-t-on dit, ont pillé et brûlé ma maison à Nîmes ; je n'aimerais pas à leur donner ma vie par-dessus le marché. Si je ne crains pas la mort dans une circonstance où cette mort peut être utile à mon pays et glorieuse pour moi, je ne me soucie pas d'être la victime d'une bande de massacreurs... Je veux me conserver encore pour ma fille, pour mes amis.

Cornélie l'embrassa avec émotion ; Bernard semblait consterné.

— Est-il donc si difficile, reprit le vieillard tranquillement, de m'appeler père Gonthier, comme nous en sommes convenus ? Or il y a deux jours, Bernard, sans que vous vous en soyez aperçu peut-être, vous avez prononcé mon nom, mon nom véritable, devant l'un de vos ouvriers. Celui-ci l'aura sans doute répété à quelques autres, car hier un des mineurs de Vic-d'Essos, qui sont tous d'enragés royalistes, a passé près de moi et m'a adressé quelques paroles menaçantes. Vous voyez que si je n'avais pris le parti de m'esquiver promptement, il aurait pu s'élever dans le bourg quelque émeute qui m'eût sans doute été fatale...

— Je comprends votre brusque décision, dit Bernard, et je vous demande pardon d'avoir rendu nécessaire, par mon imprudence, une pareille mesure ; mais puisque vous ne trouviez plus de sûreté chez moi, pourquoi ne m'avoir pas consulté plus tôt sur le périlleux voyage que nous entreprenons aujourd'hui ? J'aurais pris des précautions, j'aurais choisi des guides sûrs, je me serais procuré des lettres de recommandation...

— Écoutez, Bernard, je ne veux pas vous offenser ; mais, bien que vous soyez un garçon honnête, et qui ne manqueriez pas de courage dans l'occasion, vous êtes d'une irrésolution qui est tout-à-fait contraire à mes goûts ; d'ailleurs vous avez certains préjugés de localités que je ne partage pas... laissez-moi donc faire ; le guide que nous attendons m'a promis de nous conduire, par des chemins qui lui sont connus, jusqu'au val d'Andorre, sans que nous soyons exposés aux inquisitions de la douane et de l'autorité. Nous arriverons ce soir dans ce pays libre, et alors nous pourrons aviser au parti que nous aurons à prendre.

Bernard resta un moment pensif ; puis relevant ses yeux bleus et limpides sur son interlocuteur :

— Monsieur... père Gonthier, veux-je dire, je ne connais pas le guide qui vous a fait de si belles promesses, mais je suis convaincu qu'il vous a trompé.

— Quel intérêt aurait-il à nous déguiser la vérité ?

— Je l'ignore ; mais vous ne m'avez pas dit quel était cet homme et où vous l'avez connu ?

— Un de vos forgerons me l'a désigné comme le plus habile guide qui ait parcouru les Pyrénées depuis Port-Vendres jusqu'à Biarritz. Je l'ai accosté, et je n'ai pas eu de peine à m'entendre avec lui.

Pendant cette conversation, les voyageurs avaient attaché leurs chevaux à un tronc de sapin renversé et se promenaient, pour se garantir du froid, à l'entrée du défilé désigné pour lieu du rendez-vous. Le vieillard, à qui nous conserverons ce nom de père Gonthier, qu'il s'était donné lui-même, s'avança vers l'extrémité du petit plateau où l'on avait fait halte, afin de regarder à travers le brouillard s'il apercevrait le guide si longtemps attendu. Bernard profita du moment où il se trouva seul avec la jeune fille pour lui dire à voix basse :

— Je crains de vous effrayer, mademoiselle Cornélie, et cependant je vois avec le plus grand chagrin que vous ne joignez pas vos instances aux miennes pour détourner votre père du voyage que nous allons commencer ; ce n'est ni pour moi ni pour lui que je redoute surtout les dangers et les fatigues, mais pour vous, Cornélie, pour vous, qui m'êtes si chère à tant de titres.

— Douteriez-vous de mon courage, monsieur Alric ? dit la jeune fille en souriant ; j'ai promis de suivre mon père, et je le suivrai en quelque endroit qu'il aille ; vous oubliez, Bernard, que l'opiniâtreté est héréditaire dans ma famille.

— Je ne doute pas de votre courage, mais de vos forces, dit le maître de forges avec vivacité ; or, je vous aime trop pour ne pas mettre sous vos yeux, même au péril de m'attirer votre colère, les difficultés d'une pareille entreprise. Un mot à votre père peut encore le faire changer de résolution, et si nous ne pouvons, à cause des fâcheuses indis-

Celui qui ... commander la troupe arrêta son cheval. (Page 3.)

crétions qui me sont échappées, retourner pour le moment à Vic-d'Essos, il nous est facile de trouver dans le voisinage quelque paisible village où vous pourrez attendre en sûreté des temps plus heureux...

La jeune fille sembla réfléchir un moment, puis, se penchant un peu vers son fiancé, elle lui dit d'un air de confidence :

— Ecoutez, monsieur Alric, je vais vous dire toute la vérité. Les motifs de mon père, en entreprenant ce voyage, sont sans doute d'échapper aux persécutions ; mais il en a d'autres de choisir précisément le val d'Andorre pour retraite. On lui a parlé des habitants de ce canton comme formant une petite république indépendante depuis près de mille ans, et dont la prospérité a toujours été la même depuis cette époque reculée. Vous connaissez le caractère et les opinions de mon père ; il s'est représenté la vallée d'Andorre comme un pays privilégié, un Eldorado de tolérance et de liberté, où règne sans cesse l'âge d'or. Depuis longtemps il désire visiter ce pays, et je crois, en vérité, continua-t-elle en souriant malicieusement, qu'il serait presque fâché aujourd'hui d'être délivré du danger qui rend ce voyage indispensable.

— Mais s'il est impossible ?

— Mon père est comme l'empereur, il fait ce qu' n'est qu'impossible ; d'ailleurs, songez donc ! un temps magnifique ! quelques heures de marche tout au plus...

— Mais à supposer que nous arrivions heureusement au val d'Andorre, je connais assez les mœurs et les lois de ce pays pour être sûr qu'on ne nous permettra pas d'y séjourner, et alors il nous faudra descendre en Espagne, où nous sommes à peu près certains de ne pas être bien reçus.

— Paix ! paix ! oiseau de mauvais augure, dit le père Gonthier, qui revenait en ce moment, et qui avait entendu les dernières paroles du maître de forges ; dites-moi, monsieur Alric, croyez-vous que les républicains du val d'Andorre ne soient pas disposés à bien accueillir un homme qui porte le nom que vous me connaissez, et qui est persécuté en ce moment à cause d'une certaine opinion...

— Vous vous trompez grandement à ce sujet, monsieur... père Gonthier, veux-je dire. La république d'Andorre est encore plus féodale que la France d'aujourd'hui, et je pourrais vous citer...

— Chut ! fit le père Gonthier en désignant un personnage qui venait de paraître sur le plateau, et que le nuage qui enveloppait la vallée n'avait pas encore permis d'apercevoir ; voilà notre guide retardataire et il n'est pas nécessaire de mettre ce drôle-là dans le secret de nos conditions et de nos opinions.

Bernard Alric se retourna rapidement pour voir quel était l'individu à qui allait être confiée leur sûreté, et peut-être leur vie, et son premier regard exprima un profond désappointement. Celui qui s'avançait avait une figure bronzée, des yeux noirs, des cheveux légèrement crépus; par dessous un manteau catalan de couleur écarlate, qui avait dû appartenir dans ses beaux jours à quelque riche berger, mais qui en ce moment était troué en plusieurs endroits, il avait une veste bleue, à boutons en grelots, qu'il portait d'une manière toute particulière. Le bras droit était passé dans la manche gauche de la veste, en sorte que les basques tombaient sur la poitrine, et la manche droite était rejetée négligemment sur l'épaule gauche. Une culotte de cuir sans jarretières aux genoux, comme la portent les bergers pyrénéens, des spartilles et un sombrero espagnol complétaient ce costume bizarre, auquel une énorme paire de ciseaux, dont la gaîne était suspendue à la ceinture, donnait quelque chose de caractéristique. Ce personnage portait encore un de ces grands bâtons qui sont d'un fréquent usage dans les montagnes, et on pouvait lui trouver aussi bien l'apparence d'un brigand que celle d'un guide sûr et fidèle.

Bernard Alric connaissait trop bien toutes les races qui habitaient ses montagnes pour se méprendre sur la qualité de l'homme qui était devant lui. La manière étrange avec laquelle le guide portait sa veste, eût suffi pour lui faire reconnaître à qui il avait affaire; il s'écria d'un air de mépris et d'effroi, sans s'inquiéter même d'être entendu de celui dont il parlait :

— Miséricorde! c'est un bohémien!

De son côté, le bohémien, car le guide attendu était véritablement un de ces parias si répandus dans le Midi, s'approcha des voyageurs et sembla examiner avec intérêt ceux avec qui il devait faire une route assez longue; mais son regard se fixa d'une manière particulière sur Bernard, et il dit à son tour d'un air d'étonnement :

— *Santa-Maria!* c'est un Ca-Goth!

Bernard se détourna un peu en rougissant, et le père Gonthier lui dit avec malice en posant la main sur son épaule :

— Où en seriez-vous, Bernard, si moi, étranger, je partageais les préjugés de caste qui règnent encore dans ce pays? Vous le voyez, c'est en effet un bohémien que j'ai choisi pour guide, et, quoi que vous en pensiez, je crois qu'on peut se fier à lui aussi bien qu'à tout autre. D'ailleurs, les guides du pays sont bavards, et pourraient raconter qu'ils ont conduit en Andorre certains voyageurs sur lesquels ils ne manqueraient pas de faire des suppositions... Je n'ai rien à craindre de celui-là, car, si je ne me trompe, ce n'est pas à lui qu'on ira demander des renseignements.

Pendant que le vieillard parlait, le bohémien avait pris un air d'indifférence parfaite, comme s'il n'eût pas compris un mot de ce que l'on disait. Quand le père Gonthier eut cessé de parler, il dit en relevant son bâton, sur lequel il s'était appuyé pour prendre une pose nonchalante :

— Maître, je suis prêt.

— Comment vous appelez-vous?

— Diégo, dit le bohémien d'une voix naturellement gutturale, quoique joyeuse, et on y a ajouté le surnom de *Bourou-Belça*, ou Tête-Noire. Mais ne craignez pas de vous fier à moi, je suis un homme connu, j'ai une profession.

En même temps, il désigna par un geste fier, les ciseaux monstrueux qu'il portait à sa ceinture, et qui prouvaient que ce digne industriel exerçait, comme la plupart de ses égaux, la profession de tondeur de bestiaux.

— Eh bien! Diégo, reprit le vieillard, on me dit que vous ne pourrez nous conduire au val d'Andorre, comme vous nous l'avez promis, car les chemins sont impraticables pour les chevaux en cette saison, et très-dangereux pour les piétons?

— Qui a dit cela? demanda le bohémien avec vivacité; qui a souillé sa bouche d'un pareil mensonge? Sainte mère de Dieu! continua-t-il en levant les mains au ciel, vous êtes témoin de la vérité de mes promesses! Dans quatre heures d'ici nous serons arrivés tous sans accident à Andorre.

Le père Gonthier regarda Bernard, qui murmure avec impatience :

— Oh! il fera tous les serments que vous voudrez, il n'est pas chrétien.

— Mais enfin, monsieur Bernard, demanda Cornélie d'un ton de reproche en remontant dans son cacolet, que trouvez-vous donc de si extraordinaire à ce pauvre homme? C'est un guide comme un autre, et qui même semble mériter plus d'intérêt qu'un autre, parce qu'il est plus malheureux...

Bernard lui répondit à voix basse, pendant que le bohémien aidait le père Gonthier dans ses préparatifs de départ :

— Je n'insisterai pas sur ce sujet, mademoiselle, parce que je vois que vous et votre père vous avez pris votre parti; mais je suis convaincu qu'un pareil voyage en compagnie d'un pareil coquin ne peut finir heureusement. Maintenant, tout est dit; votre

...re est armé, je suis armé aussi, et soyez assurée que toutes les objections que j'ai faites à ce voyage ne proviennent pas de mes craintes pour moi-même ; il serait possible que je vous en donnasse des preuves avant qu'il soit longtemps.

Tout en parlant, il remonta à cheval et vint se placer à côté de la jeune fille, disposé à l'aider et à la défendre de tout son pouvoir pendant la périlleuse excursion qui allait suivre. Le père Gonthier observa ces dispositions du coin de l'œil, sourit, et après avoir hésité quelques secondes, il s'écria gaiement en faisant signe au bohémien de marcher en avant :

— Allons, mes amis, en route ! il faut bien se fier à quelqu'un, et cet homme sait qu'il aura une bonne récompense s'il ne nous donne aucun sujet de plainte.

Toute la petite caravane s'enfonça lentement dans le défilé obscur du Pas-de-la-Chèvre, et bientôt elle disparut dans le brouillard.

La tempête.

La partie des Pyrénées, que les voyageurs avaient à traverser, n'était certainement pas celle où se trouvent les cîmes les plus hautes et les plus escarpées ; mais les montagnes en cet endroit, pour ne pas présenter des masses aussi imposantes que le Canigou ou le Mont-Perdu, n'en sont que plus nombreuses, plus rapprochées, et les vallées que plus étroites et plus dangereuses. Au cœur de l'été, toute cette région est couverte d'une luxuriante verdure, animée par d'innombrables troupeaux et par une population de bergers. Mais, comme nous l'avons dit, on était au mois de novembre, et l'hiver n'est jamais en retard dans ces régions. Aussi, pendant la première partie de leur marche, les voyageurs rencontrèrent-ils des caravanes de bestiaux et de pâtres qui descendaient vers la plaine, marchant toutes dans le même ordre méthodique et traditionnel. Chaque homme, une cloche à la main, précédait son troupeau ; puis venaient le maître et la maîtresse à cheval, avec leurs plus jeunes enfants en croupe ; puis la fille aînée, aussi à cheval, sa quenouille à la main ; puis les fils, armés en chasseurs, dont l'aîné, le généralissime de la bande, était chargé du sac à sel orné d'une croix rouge.

A la vue de ces migrations qui annonçaient que le froid avait déjà sévi avec toute sa rigueur dans les montagnes, car bergers et troupeaux ne se décident qu'à la dernière extrémité à quitter les pâturages parfumés des hauteurs, Bernard hocha tristement la tête, mais il comprit qu'il était désormais inutile de manifester ses sinistres prévisions.

Bientôt les hordes nomades disparurent elles-mêmes ; et dans les affreux déserts que l'on parcourait, on ne pouvait plus compter que sur le hasard pour obtenir des secours. Ces lieux se trouvant éloignés des grandes routes d'Espagne et étant inhabitables pendant une partie de l'année, il s'ensuivait qu'au cas où quelqu'une des effroyables tempêtes qui sont si fréquentes dans les Pyrénées viendrait à se déclarer tout à coup, les voyageurs ne devaient avoir foi qu'en eux-mêmes. Excepté quelques misérables châlets déjà abandonnés qu'on rencontrait çà et là, il n'y avait pas, à plusieurs lieues à la ronde, une habitation, et cependant le vent soufflait parfois avec violence dans les gorges, et les nuages s'amoncelaient sur les cimes les plus élevées, comme pour présager un orage prochain. Comment les voyageurs et surtout une jeune fille peu endurcie à la fatigue endureraient-ils la terrible tourmente qui pouvait éclater ? Ajoutez à ces motifs d'inquiétudes pour Bernard les manières suspectes du guide, et on comprendra combien il avait sujet d'être sérieusement alarmé de sa position présente et de celle de ses amis.

Cependant le bohémien n'avait rien fait encore qui pût justifier le soupçon ; il avait même rempli ses devoirs de guide avec une attention et des soins qui eussent dû faire cesser les préventions dont il était l'objet. Avec une sagacité merveilleuse, il avait compris que chacun des deux autres voyageurs lui saurait gré des égards qu'il aurait montrés à la jeune femme, et c'était d'elle qu'il s'occupait spécialement dans cette pénible excursion. Il ne s'était pas éloigné d'elle une minute depuis le départ, et dans les passages difficiles il prenait des précautions infinies pour qu'elle n'eût à craindre ni secousse, ni chute. De plus, il avait trouvé moyen d'amuser la voyageuse par son jargon moitié espagnol, moitié français, et de lui faire un peu oublier les fatigues du voyage ; aussi, bien que Cornélie eût beaucoup à souffrir du froid, elle ne semblait pas encore s'effrayer des suites de cette marche hasardeuse.

Il était midi, et les voyageurs avaient déjà fait une partie de la route ; il est vrai que c'était la partie la moins dangereuse, et que la chaîne centrale restait à traverser dans toute sa largeur. Or, c'était seulement là qu'ils devaient appréhender que leur témérité pouvait être couronnée de succès, ou s'ils avaient eu le tort impardonnable de risquer leur vie sur la foi d'un vagabond. Au moment où ils traversaient une vallée déserte et déjà couverte d'une légère couche de neige, le père Gonthier se rapprocha de Bernard et lui dit gaiement en désignant le bohémien qui marchait à côté de la monture de sa fille, à quelques pas en avant:

— Eh bien! mon cher Bernard, trouvez-vous encore que nous ayons eu tort de nous fier à ce pauvre diable? Voyez, le temps est magnifique, le soleil brille du plus vif éclat, et il est probable que notre voyage se terminera sans accident.

— Le temps change bien vite dans les montagnes, répondit Bernard en regardant autour de lui d'un air inquiet; je n'aime pas ces nuages qui s'accumulent là-bas dans les défilés que nous allons traverser.

— Je crains plus les douaniers et les gendarmes de la frontière que tous ces nuages, dit tranquillement le père Gonthier.

— Et cependant nous n'avons rien à craindre de

La caravane continuait sa route. (Page 3.)

ce côté, reprit le maître de forges; la douane n'est pas bien sévère sur les limites du val d'Andorre, et nous sommes exposés à rencontrer des contrebandiers et des bohémiens plutôt qu'autre chose. Le meilleur des deux ne serait guère de mon goût.

— Vous en voulez bien à ces bohémiens, Bernard; et cependant vous devez voir déjà que vous vous étiez trompé au sujet de celui-ci. Il a eu beaucoup d'attentions pour Cornélie, si bien que je crois que la petite folle est enchantée de son voyage. Tout à l'heure il lui a raconté la manière plaisante avec laquelle un de ses amis a volé une poule à un fermier (et entre nous je crois que le héros de l'aventure n'est autre que lui-même); Cornélie riait comme un enfant, bien qu'elle soit déjà cruellement fatiguée.

— Dieu veuille que ce gépo ne nous joue pas quelqu'un de ces bons tours qu'il aime tant à raconter!

— J'admire, reprit le père Gonthier avec impatience, combien vous autres gens du Midi vous êtes opiniâtres dans vos inimitiés et vos antipathies de caste. Ainsi, vous, Bernard, qui devriez pourtant comprendre combien sont absurdes certains préjugés, vous allez jusqu'à croire qu'il ne peut se trouver un homme honnête parmi ces malheureux bohé-